LOS MENSAJEROS

Reyna Aldrete

Los Mensajeros

escrito e ilustrado por
REYNA ALDRETE

bubok
EDITORIAL

© Reyna Aldrete
© Los mensajeros

Ilustraciones: Reyna Aldrete
Cubierta: Los Mensajeros, pintura al óleo de 91x61 cm., No. 28, Febrero de 2000, por R. Aldrete

ISBN papel: 978-84-685-4355-0

FSC

Editado por Bubok Publishing S.L.
equipo@bubok.com
Tel: 912904490
C/Vizcaya, 6
28045 Madrid

Gracias a Richard, mi esposo,
por esperarme mientras recorro este camino,
y por su apoyo para hacer realidad mis sueños.

Para los adultos dispuestos a conocer
un mundo nuevo a través de sus hijos

Mientras espero encontrarme con mi amiga, la noche, anhelo su silencio para convocar mis sueños...

"Ángel de mi guarda,
mi dulce compañía,
no me desampares
ni de noche, ni de día".

María de los Ángeles nació con un fuerte deseo de ser un ángel. Una motivación que quizá recibía diariamente de su abuelita, que desde muy chica le enseñaba esa devoción por su ángel guardián.

Todas las noches la abuelita acompañaba a la pequeña María de los Ángeles hasta su cama, y después de cubrirla con una suave y cálida cobija, la invitaba a que meditaran juntas...

"Ángel de mi guarda,
mi dulce compañía,
no me desampares
ni de noche, ni de día".

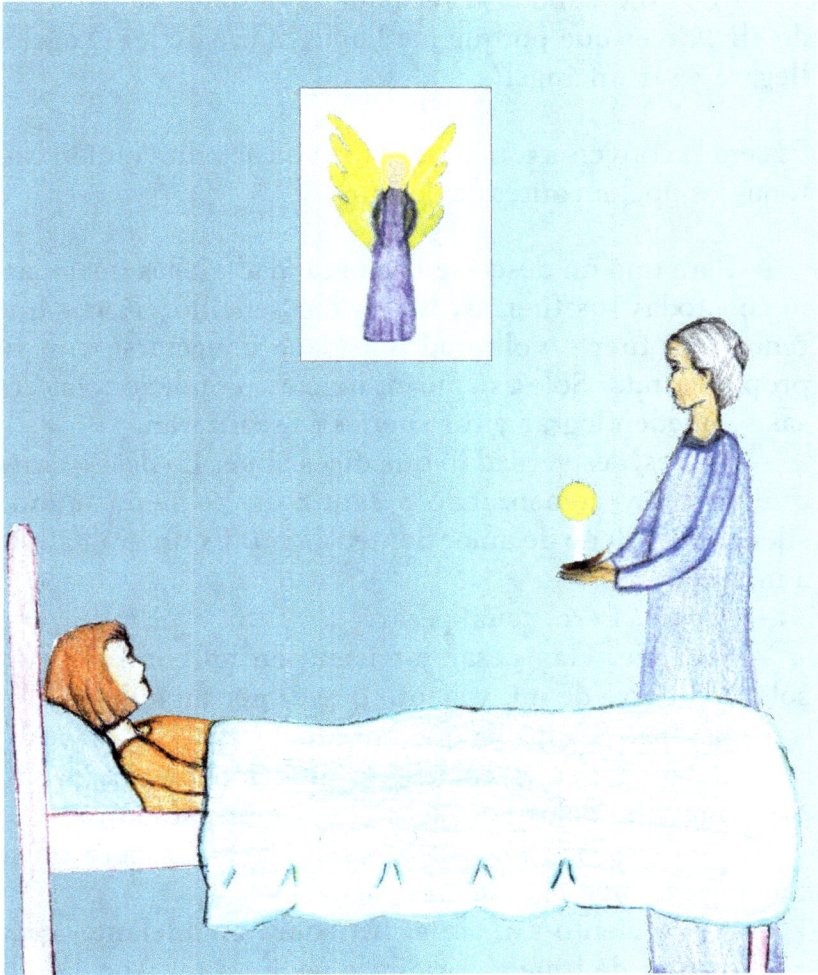

—Debes pedirle a tu Ángel de la Guarda que en tus sueños te explique la manera en que puedas llegar a ser como él y la manera en que deben comunicarse.

—¿Lo crees, abue? ¿Crees que mi nombre se parece al de él? ¿Crees que porque me llamo María de los Ángeles llegaré a ser un ángel?

Esa era la conversación que la niña y su abuelita tenían casi todas las noches, antes de dormir.

—Para que un deseo se haga realidad, debes imaginarlo con todas tus fuerzas. No es tan sencillo. Tienes que tener una fuerte voluntad que debe conectarse con tu propio mundo. Solo así, alcanzando esa condición, las cosas se pueden lograr y tus sueños se realizarán.

—¿Sabes?, es verdad lo que dices abue. Lo deseo tanto que ya estoy comenzando a sentir un pequeño mundo silencioso y lleno de amor dentro de mí. Es un gran alivio a mi pesar.

—¿Pesar? Pero, ¿cuál pesar?

—Sí, abue. Hay pesar y tristeza en mi corazón. Hay soledad dentro de mí, y siento que es por mi culpa.

—¿Culpa? ¿Culpa de qué, mi niña?

—De no tener el amor y la atención de mis papás. Siento mucho dolor porque no hay amor para mí.

—No digas eso, mi angelita, ellos te aman pero no se toman el tiempo para demostrártelo.

—No lo siento así, abue. De ahora en adelante, cada noche antes de irme a dormir, le pediré a mi Ángel de la Guarda que me enseñe cómo ser feliz y tener amigos.

Y así pasaban los días y la pequeña María de los Ángeles escuchaba todas las noches las palabras alentadoras de su abuelita. Su compañía ahí al lado de la cama le daba ese alivio y ese calor que ella buscaba tener de sus padres, pero que no encontraba. En el corazón de la niña se expandía cada vez más ese inmenso deseo de conocer a su ángel, de hablar con él y sumergirse en un mundo diferente, lleno de grandes sorpresas.

Cierta noche, María de los Ángeles sintió que algo bueno iba a suceder. Estaba medio dormida después de haber recibido el beso de buenas noches de su abuelita, y sintió un raro palpitar que no era el de su corazón. Era un fuerte deseo que la envolvía como un abrazo. Su soledad comenzaba a desvanecerse. Era como entrar en un sueño profundo. Un sueño que la conducía a un universo lleno de luceros que se amontonaban vestidos de gala, brillando como nunca ella hubiera visto.

De repente, todos esos luceros y estrellas que estaban en conjunto comenzaron a separarse poco a poco. Se abrieron para dejar ver un impresionante y redondo hueco, tan profundo como el infinito.

—¿Dónde estás, abue?

El corazón de María de los Ángeles palpitaba con fuerza y rapidez. Nunca antes le había pasado algo así. Ese redondo e inmenso hueco llamaba su atención. Sentía que su corazón se conectaba con el hueco sin saber aún de lo que se trataba.

—¿Qué será? Quiero seguir. No me atrevo, pero quiero ver qué hay en su interior. Tengo que hacerlo. Quiero y debo hacerlo. ¡Voy a descubrir esta magia!... ¡Oh!

De repente, la pequeña observaba cómo se asomaba, a través del inmenso hueco, la cara de un joven y blanco caballo, tan aterciopelado como las nubes del cielo, sacudiendo sus hermosas crines, que más que crines parecían cabellos en forma de melena.

—Hola, María de los Ángeles, soy el Ángel de tu Conciencia.

—¿El Ángel de mi Conciencia? No entiendo.

—Soy la luz de tu corazón. Soy como una chispa que brilla muy feliz y ha llegado para alumbrar tu corazón. Ahora podrás sentir el verdadero amor.

—¿Amor? Creí que ya sentía el amor. Yo amo a mi abue y a mis papás, caballito.

—Sí, mi pequeña. Pero este amor es mucho más grande y mágico, y crece como la luz. *Es un amor que no tiene límites.*

—¿Crece como la luz?

—Así es. Es una sensación tan tibia como la luz, y tan esplendorosa como el amanecer. Esta sensación comienza con un pequeño rayo que tú misma tienes que hacer crecer.

—¿Y cómo lo haré crecer, caballito?

—Muy fácil. Debes quitar poco a poco todo lo que te tapa y no te deja ver la luz completa.

—¿Quieres decir que si pongo mi mano cubriendo una lámpara, taparé toda la luz?

—Así es. Sigue usando esa imaginación. Ya no cubras más la lámpara con tu mano. Ahora, deja que tu corazón comience a brillar y alumbre como una chispa todos tus miedos. La luz nace y crece porque tú misma lo deseas. No permitas que tu miedo tape la chispa y no la deje crecer. *Esa luz acaba de nacer.*

—Entonces, ¿Qué debo hacer?

—Escuchar lo que dice tu chispa, y de ese modo la haces crecer. Pon atención a tu corazón y escucha sus latidos. Así los dos creceremos juntos y nos uniremos cada vez más a Dios, o en otras palabras, al amor.

—Está bien, caballito. Desde hoy eres mi luz recién nacida, y te llamaré Chispita.

El caballo blanco comenzó a desaparecer lentamente como el humo mientras que el enorme y profundo hueco fue cerrándose poco a poco dejando una inmensa huella en el corazón de María de los Ángeles.

Desde aquel momento, la pequeña sentía que desaparecía su impaciencia y se alegraba su corazón. Desde que conoció a su Chispita, la niña nunca se siente sola. Siente que alguien la está acompañando. Era algo cada vez más sorpresivo y mágico.

—¡Cada vez que rezo la oración al Ángel de mi Conciencia me gustan más sus respuestas!, pensaba María de los Ángeles entusiasmada, mientras caminaba lentamente hacia el jardín de su casa, con un enorme deseo de sentarse a dibujar.

—Hoy veo el jardín diferente. ¿Será que me siento diferente? ¿Será que ahora soy diferente?

María de los Ángeles quería comenzar a dibujar pero no encontraba cómo hacerlo, la pequeña experimentaba una rara sensación. Era como si necesitara preguntarle a alguien la manera de hacer muchas cosas, de vivir la vida, de dibujar su triste realidad. Una realidad sin amor y sin calor humano. Una vida infantil sin el afecto y sin la atención de sus padres.

Empezaba sus primeros trazos en una hoja de papel, tan limpia como sus pensamientos, pero no coordinaba bien los movimientos que hacía con sus ideas, no había una perfecta combinación con el lápiz que empuñaba en su manita tierna y angelical.

—¿Estás ahí, Chispita? Si siempre estás conmigo, como dijiste, ¿Puedes escuchar mi voz? ¿Crees que estoy haciendo lo que debo hacer?, preguntaba María de los Ángeles un poco impaciente a su blanco caballo, a ese Ángel de su Conciencia, convertido en suyo desde la primera aparición. Ella creía en sus ideas y aceptaba sus respuestas.
—¿Por qué no me contestas, Chispita?

Sorpresivamente, y sin saber de dónde, apareció frente a su cara una araña, que colgaba ante sus ojos, de su casi invisible soga. El animalito llamó tanto tanto la atención de la pequeña, que ella creyó escuchar claramente su voz. Y es que la inofensiva araña tenía algo importante qué decirle.

—¿Alcanzas a ver ésta cuerda que yo misma construí? Es mi telaraña, dijo el pequeño visitante.

—¡Qué gran perfección!, exclamó María de los Ángeles alegremente.

—¿Cómo puedes hacer algo así?

—Yo nací para decorar mi entorno de este modo. Es la manera como puedo tejer mi propia tela para convertirla en mi hogar.

—¿Y cómo lo aprendiste?, preguntó la niña.

—Muy fácil. *Teniendo disciplina y control.* Esa misma disciplina que tú debes tener para hacer el dibujo que quieres. Debes repetirlo muchas veces hasta que te salga bonito. El control lo usas para mantener viva la atención y la imaginación. No puedes distraerte mientras haces tu dibujo.

—¿Eres tú, Chispita? Gracias por decirme cómo debo dibujar.

Y en efecto, ésa era su Chispita, que en esta ocasión se presentaba en forma de araña para orientar a su protegida. De inmediato, la araña comenzó a alejarse con gran habilidad y, agarrándose de su casi invisible cable, saltó hasta un rincón del jardín para desaparecer sin dejar rastro.

Cuando la niña apenas salía de su asombro, se le apareció una abeja. Era una abeja que zumbaba con un lenguaje tan tan particular, y María de los Ángeles lograba interpretarlo con admirable claridad.

—¡Qué bonita! ¿Por qué eres tan inquieta, linda abejita?

—Ésa es mi manera de trabajar. Gozo la vida dándole mucha *dedicación* a mi labor.

—Siembro una semilla en cada pétalo para que nazcan nuevas flores, y después entregarán muchos frutos, explicó el pequeño insecto.

—¿Y qué es eso de dedicación?, sonriente preguntó la niña.

—Es hacer sin cansancio lo que te gusta. Además, gozar y disfrutar éso que estás haciendo.

—¡Pues creo que lo que más me gusta es dibujar!, María de los Ángeles respondió fascinada.

La abeja no contestó. Prefirió alejarse a gran velocidad, como queriendo demostrar que con lo dicho ya era suficiente para que la niña interpretara su mágico mensaje. María de los Ángeles estaba entendiendo cada vez más el lenguaje de los insectos, que eran la viva voz de sus compañeros y amigos.

Pero todavía faltaban más sorpresas. Ese día parecía ser el elegido para que la niña recibiera muchísimas muestras de compañía, y también conocimientos.

Como por arte de magia, se posó sobre su papel una colorida mariposa, que iluminaba aún más el jardín con sus bellos y llamativos colores.

Segura de que iba a aprender algo nuevo, María de los Ángeles no dudó un instante para bombardear de preguntas a la mariposa:

—¿Cómo logras tener esos bellos colores? ¿Cómo consigues que brillen esos adornos en tus alitas?

Después de esperar algunos segundos, la mariposa sacudió sus antenas y relató:

—Acabo de salir de mi capullo. Sólo ahora estoy lista para salir de mi refugio y encontrar la salida. Allí, en esa envoltura, logré *desarrollarme hasta crecer y crecer*, cada vez más. Al final, mis alas me hicieron sentir que ya podía ser libre para hacer lo que más me gusta: embellecer todos los lugares que pueda visitar.

En esta ocasión fue la niña quien no respondió una sola palabra. Prefirió pensar en silencio lo dicho por la mariposa:

"Desarrollarme y crecer", se repetía una y otra vez. Entendía claramente que con el tiempo, ella también podía crecer y hacer lo que más le gustaba. María de los Ángeles se sentía muy acompañada. La naturaleza era su mejor amiga en esos momentos. A su alrededor escuchaba muchas formas de hablar, y se preguntaba por qué no había escuchado antes aquellas voces con mensajes tan sencillos. Pensó en lo divertido y agradable que es conocer y tener a alguien con quién comunicarse usando diferentes lenguajes. Animalitos que enseñan a conocer un mundo verdaderamente natural y puro.

Los días seguían pasando y la pequeña no perdía ese enorme deseo de seguir comunicándose con su Ángel de su Conciencia. Ella sabía que únicamente con un fuerte deseo se podían lograr grandes cosas. Ésta era una enseñanza que había aprendido de sus primeros mensajeros.

Un día, María de los Ángeles quería pasear por el bosque. La entrada se ubicaba precisamente frente a su casa. Deseaba visitar aquel bosque pero sabía que no debía ir sola.

—¡Pero... si yo todo el tiempo estoy sola! pensaba la niña disgustada, sin entender lo que le sucedía.

—¡No tengo con quién salir, me siento aislada y abandonada!

Observó desde su ventana el pequeño camino que se adentraba en el bosque. Quería salir de su prisión. Sentía la necesidad de atreverse nuevamente a una gran aventura, inspirada por sus visitantes. Deseaba explorar aquella vereda solitaria. Sentía mucho miedo y se preguntaba mil veces la razón de ese miedo. Tal vez era un temor que reflejaba su gran soledad. Un sentimiento que la ponía a temblar, con el simple hecho de imaginarse caminando en la obscuridad de aquel bosque.

Sin dudarlo mucho, abrió la puerta de su casa y aventuradamente se lanzó a la búsqueda. La pequeña quería saber por qué estando allí, sentía tanto miedo, y ese estremecimiento que apenas le permitía mantenerse en pie.

María de los Ángeles avanzaba por el camino sintiendo que cada paso que daba la llevaba cada vez más a descubrir su profunda soledad. No obstante, veía cómo las aves y los venados le daban una cordial bienvenida. Ya empezaba a sentir un poco de confianza en ese nuevo mundo que comenzaba a conocer. Sus miedos desaparecían a medida que caminaba. Entendía que tal vez eran sólo cosas de su inquieta imaginación.

Avanzaba cada vez más, y observaba montones de luces creadas por insectos tan maravillosos como las luciérnagas. A lo lejos, la niña logró distinguir una brillante libélula que se movía con gran rapidez. Sus alas brillaban más que las de los demás, y eso la hacía muy especial:

—¿**Quien eres tú?** Preguntó temerosamente la niña. Es que no estaba segura de lo que estaba ocurriendo.

—¡**Te traigo un mensaje. Vengo a decirte que has ganado!** le decía la libélula de manera insistente y agitada, parándose en el brazo de la niña para descansar de su intenso aleteo.

—¿Ganado? Y ¿Qué es lo que he ganado?

—*Venciste tu miedo* **para encontrar el nuevo mensaje,** contestó la libélula mientras se alejaba tranquilamente.

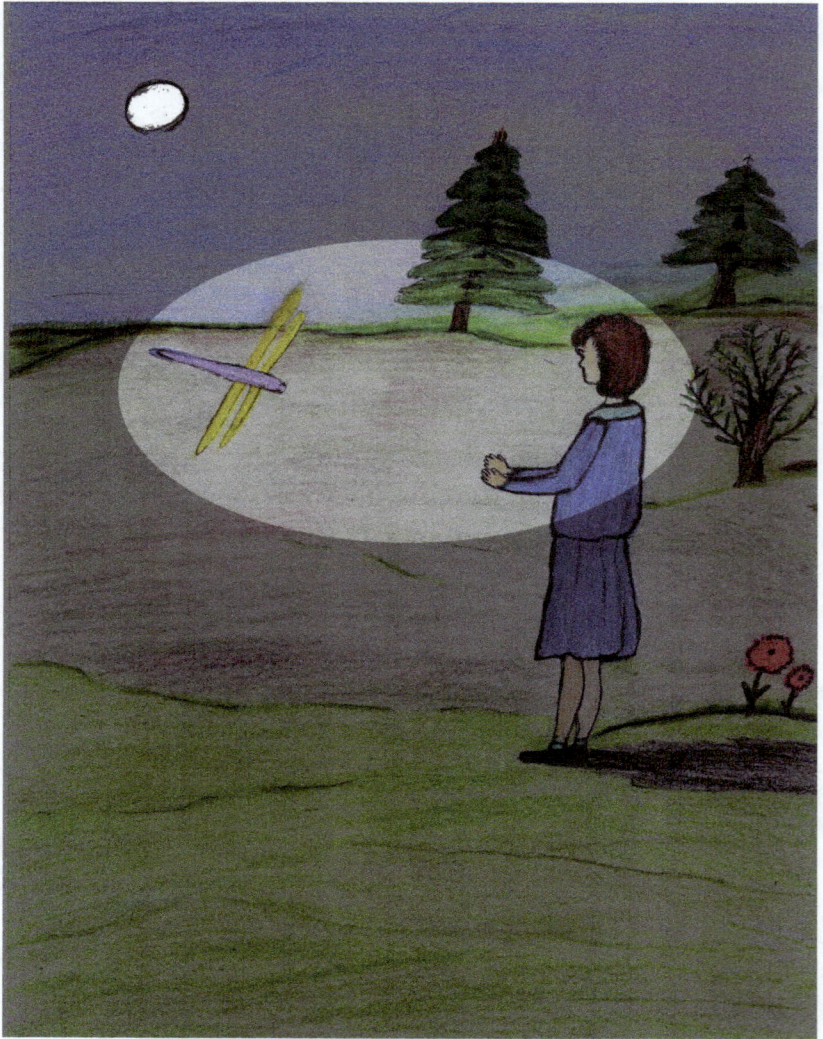

Todo esto la sorprendió, y le recordó lo que había hablado con el caballo acerca de cómo usar su imaginación para no tapar la lámpara con su mano. Ahora ya podía distinguir entre su miedo y la obscuridad. Ahora ya sentía la luz de la lámpara creciendo, y sentía que la luz le tocaba su cabeza e iluminaba sus pensamientos. Es decir, comenzaba a pensar de un modo diferente. Así, de repente, María de los Ángeles empezó a ver más claramente cada cosa que le sucedía, y esto le provocaba una gran alegría.

A su regreso del bosque, la niña ya no sentía el mismo miedo. Aunque estaba obscureciendo, ella sabía que solamente era eso, la obscuridad, el producto del inevitable paso de las horas, y nada más. No había ninguna razón para temerle a la obscuridad. La libélula le había enseñado que el temor impedía su crecimiento, que el miedo no le permitía disfrutar de su niñez. Ahora sabía que no tener miedo era ganar, y ella ya había ganado, después de su aventura en el bosque. Entonces, ya podría crecer sin sus miedos e inquietudes, y cada vez su luz brillaba más.

Esa misma noche, María de los Ángeles terminó aquel día lleno de mensajes con un premonitorio sueño. Después de meterse debajo de las cobijas y de cerrar sus ojos, sintió que se encontraba en una hermosa vereda. Había verdes prados, y ella caminaba entre surcos llenos de flores que dejaban escapar su fragancia por todos los rincones. Era un sendero tan angosto, que apenas podía pasar, sin evitar el roce de su pequeño cuerpo con la hierba, todavía húmeda por las gotas de rocío. De un momento a otro, apareció ante sus ojos una serpiente grande que pretendía salir de una alberca de lodo que rodeaba aquel lugar. La serpiente sacudía toda su suciedad, como queriéndose liberar de aquella montaña de barro y tierra mojada que impedían su movimiento entre las verdes ramas.

La niña disfrutaba estar en ese lugar y percibir el olor placentero de la hierba fresca. Observaba cómo la serpiente se quitaba todo el lodo y limpiaba su piel, mientras se arrastraba con gran agilidad. De pronto, salio como un rayo magico de su alargado cuerpo dejando escapar brillantes tonos que mezclaban colores amarillo, violeta, azul, anaranjado, rojo y verde. En ese momento María de los Ángeles decidió comenzar el ya acostumbrado interrogatorio:

—¿Por qué te salen esos colores tan bonitos?
—Porque dentro de mí encontré *la magia*. La utilicé para limpiar mi cuerpo, y para quitar toda la suciedad y lo opaco de mi belleza.

La serpiente contestó alegremente viendo cómo lograba remover el lodo de su cuerpo.

—¿Y esa magia hace brillar tus colores?
—Así es. Cuando comienzas a sentir la magia del amor, salen de tu cuerpo tus verdaderos y brillantes colores.
—¿Y, cómo puedo yo hacer eso?

Impaciente, la pequeña quería saber.

—Deseando con mucha fuerza que lo sucio salga. Sintiendo la magia del amor en tu cuerpo, y creyendo que lo lograrás.

Entonces, en ese momento, la niña despertó de su sueño y tomó un papel para escribir las enseñanzas de esta gran lección. Nunca más quería olvidar la manera de encontrar la magia del amor. Y quería limpiar la suciedad de su vida para que sus brillantes colores lucieran mejor.

Los mensajeros habían cumplido su misión. Sin embargo, faltaba todavía una última y hermosa experiencia en la vida de la inocente María de los Ángeles. Se trataba de una emocionante aventura que ella misma se atrevió a contarle a su abuelita en una de tantas noches de plática, mientras la acompañaba al lado de su almohada, antes de que lograra conciliar el sueño:

—¿Sabes, abue? Estaba en nuestro jardín, y al sentir una gran soledad decidí llamar al Ángel de mi Conciencia para que me ayudara. Fue entonces cuando sentí la presencia de mi Chispita. Sabía que ella estaba allí. De pronto, llegó una blanca paloma que se paró en el césped muy cerca de mí, preguntándome:

—¿Por qué quieres llegar a ser un ángel?

—Entonces, le contesté que ésa era la mejor manera de conocer y de sentir el verdadero amor. No había terminado mi respuesta, cuando la paloma me dijo:

—¿Y quién te comentó que siendo un ángel podrías sentir el verdadero amor?

—Sin esperar mucho tiempo, le manifesté que mi abue decía: "Dios es amor, y los ángeles están cerca de Dios". Inmediatamente, la paloma movió su cabeza diciéndome:

—Si deseas, en verdad, llegar a ser un ángel, tendrás que saber que *el camino es arduo y difícil*. Si estás dispuesta, encontrarás lo que andas buscando y sentirás en tu vida el verdadero amor.

María de los Ángeles continuó contándole a su abuelita la historia de la paloma. Le dijo que de un momento a otro, el ave comenzó a debilitarse hasta quedar casi sin movimiento. Ella la agarró con sus manos temblorosas, temerosa de hacerle daño, pues estaba muy débil. La paloma la miró a los ojos logrando que un rayo de luz penetrara en el alma de la niña. María de los Ángeles entendió que se trataba de un nuevo mensaje del Ángel de su Conciencia. Emocionada, pensó en él y sintió cómo dos lágrimas rodaban por sus sonrojadas mejillas.

La pequeña siguió con su relato:

—**Mientras acariciaba a la paloma entre mis manos, percibí que sus plumas eran muy suaves y su cuerpo muy cálido. Noté que la paloma estaba herida en sus patitas y sentí las palpitaciones de su corazón muy rápidas. ¡Se estaba muriendo! Yo quería gritar para que alguien me ayudara, pero en ese momento la paloma se estremeció como queriendo volar. Pude sentir cómo su alma se conectó con la mía. De su cuerpo salía otra paloma transparente que se alejaba con rumbo al cielo dejando entre mis dedos su blanca vestidura. Aquella paloma casi invisible se alejaba diciéndome:**

—Yo muero para que tú puedas ser un ángel. Eres la elegida para usar la vestidura blanca, y solamente así serás un ángel de verdad.

—¿Sabes, abue?, ¡es por eso que ahora me gusta más mi nombre!

De pronto, María de los Ángeles notó que su abuelita estaba llorando al escuchar la historia que salía de sus labios:

—¿Por qué lloras, abue?

—Lloro porque siento que transmites un calor que me da mucha paz. Me emociona ver tu carita llena de amor.

Puedo percibir que en tu alma ya existe el verdadero amor.

La abuelita estaba feliz. María de los Ángeles estaba viviendo en esos momentos lo bello y sorprendente de lo que realmente se trataba el verdadero amor, sin saber que era el resultado de lo que había anhelado tanto. Ya sentía presente el amor de sus padres, el amor de su abuelita, el amor de sus amigos, el amor Supremo.

De esta manera, los mensajeros habían cambiado la vida de la pequeña María de los Ángeles. A partir de ese momento, la niña estaba en el camino de ser un angel que compartía mensajes de amor y de fe con diferentes animalitos.

Ella misma se convirtió en otra "Chispita" que se comunicaba con su propio Ángel de la Conciencia, para hacer sentir a los demás, a quienes realmente lo deseaban con todo el corazón, ese amor verdadero que nunca sintieron en su niñez. Había sido la mejor manera de comprender y ahora podía enseñar a entender que el mundo es un camino lleno de *cambios, desafíos y constante renovación.*

La autora e ilustradora

Me descubrí en el proceso de un profundo cambio en 1996, y sentí el impulso de expresarme a través de mis pinturas al óleo. En ellas, los objetos eran símbolos que representaban el estado emocional y mental que estaba experimentando. De allí surgió la pintura que aparece en la cubierta de este libro.

En 2001 sentí un fuerte y espontáneo deseo de describir algunas de mis pinturas. Mi primer libro, Los Mensajeros, refleja la continuación de aquel impulso inicial. Siento gratificación por el contacto con mi conciencia y por haberme lanzado a expresar esta conexión, que me guía en la integración total de mí misma.

Los Mensajeros

María de los Ángeles busca conocer el verdadero Amor. En ese proceso, se descubre a sí misma a través de la comunicación con un mundo nuevo, con la naturaleza, con *los mensajeros*. Su entorno infantil, modelado por la dulce compañía de su abuela, se torna en un mundo nuevo que está siempre presente y al alcance de todos si tomamos el tiempo de ser atentos y de no perderlo de vista. Descubrir la magia del amor otorga sabiduría e inteligencia a la vida diaria de la niña. Cada vez que se libera de alguno de sus sofocantes miedos, sucede una maravillosa conexión que la hace estar más conciente y segura de quién verdaderamente es.

Los Mensajeros les mostrarán a los adultos, en lenguaje sencillo y familiar, una manera en que los niños de 5 a 12 años perciben el mundo, y una apropiación de la naturaleza y del amor que los fortalece e inspira.